ANNUAIRE

DE LA

SOCIÉTÉ DES STEEPLE-CHASES

DU

NEW-CLUB DE BORDEAUX

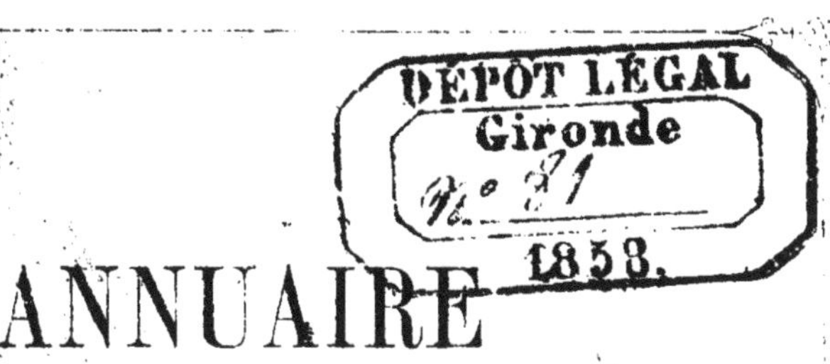

DEUXIÈME ANNÉE

BORDEAUX

IMPRIMERIE GÉNÉRALE DE Mme CRUGY,

Rue et hôtel Saint-Siméon, 16.

1858

STATUTS

SOCIÉTÉ DES STEEPLE-CHASES

NEW-CLUB DE BORDEAUX

BORDEAUX

IMPRIMERIE GÉNÉRALE DE Mme CRUGY,

Rue et hôtel Saint-Siméon, 16.

—

1858

AVIS.

Les Bureaux de la Société sont établis 2, rue Mautrec, au premier.

L'hippodrome de la Société est situé dans le parc du château de Lognac, à Mérignac, près Bordeaux.

Agent de la Société : M. PAUL TAPIE.

ADMINISTRATION DE LA SOCIÉTÉ.

COMITÉ.

Président.

M. le Vte C^{hs} DE PELLEPORT, Président du New-Club.

Vice-Président.

M. FRÉD. SCHRODER, Vice-Président du New-Club.

Secrétaire.

M. PAUL SAINTMARC, Secrétaire du New-Club.

Trésorier.

M. CHARLES WELTNER.

Commissaires titulaires.

MM. ALEXANDRE SCHRODER.
 EDMOND GRANGENEUVE.
 FERRIÈRE DE SENTOUT.
 HENRI LACOSTE.
 AR. DAMBLAT.

Commissaires adjoints.

MM. Jules MILLIEN.

Camille LACOSTE.

le Vicomte Charles DE LOSSE.

Oscar GROSSARD.

Charles DURAND.

DÉLÉGATIONS.

Commissaires titulaires des Courses.

MM. Jules MILLIEN.

Camille LACOSTE.

A. DAMBLAT.

Commissaire suppléant.

M. le Vicomte DE LOSSE.

Secrétaire adjoint.

M. Jules MILLIEN.

Trésorier adjoint.

M. Oscar GROSSARD.

Commissaire adjoint du matériel.

M. Charles DURAND.

*Délégués à la Commission mixte d'administration
de l'hippodrome.*

MM. LE PRÉSIDENT.
  H. LACOSTE.
  O. GROSSARD.

———

Membres honoraires.

MM. DE TARTAS (G O ✻), Général de Division.

DE MENTQUE (C ✻), Préfet de la Gironde.

GAUTIER aîné (O ✻), Maire de Bordeaux.

DE SAUVAGNAC (✻), Directeur du Haras de Libourne.

GIBON (✻), commandant le Dépôt de remonte de Mérignac.

J.-F. BROWN, Membre résidant du New-Club.

DURAND (CHARLES), *idem.*

TORNEZY, maire de Mérignac.

Membres fondateurs.

MM. AMÉ (NUMA).
BASSE (EDMOND).
BOUQUIÉ (PAUL).
CAYROU (MAURICE).
CHAMPEAUX (GUSTAVE).
CHASTELIER (ALFRED).
COURSOU (DANIEL DE).
DUBOIS (JUST).
DUCASSE (ALCIDE).
DUCASSE (ALEXANDRE).
DUPUCH (PAUL).
DURAND (JULES-JOHN).
EZPELETA (SYLVÈRE DE).
FINCKE (WILLIAM).
HOURQUEBIE (ERNEST).
LACOSTE (CAMILLE).
LAVAUD (CAMILLE).
LOSSE (Vicomte CH. DE).
MOUTARD (VICTOR).

MM. MELLER (JULES).

MILLIEN (JULES).

PELLEPORT (CHARLES DE).

PRIÉTO DE ACHA (JEAN-MARIE).

SAINTMARC (PAUL).

SANTA-COLOMA (FERDINAND DE).

SCHRODER (ALEXANDRE).

SEGUINAUD (EDMOND).

SEIGNOURET (ARMAND).

TASTET (GUSTAVE).

TROYE (JULES).

Membres titulaires.

MM. AUSCHITZKY (Louis).
BASSE (Adrien).
BEYERMAN (Henri).
BINAUD (Ernest).
BROCHON (Henri).
BROSTARET (Édouard).
BURNEL (Jules).
CASSY (Léo).
CÉLERIER (Sydney).
CHAPELLE (Paul de).
CHAINE (Édouard).
CLUZAN (Louis).
CORMIER (Édouard).
COUVE (Antoine).
DARRIEUX (Paul).
DEGENAER (Frédéric).
DELPECH (Junior).
DEPIOT (Paul).
DUCASSE (Henri).

DUBOUCHÉ (ADRIEN).

DUCHARPREAU (ADRIEN).

DURAND (JOHN-G.).

DURAS (LÉOPOLD).

DURET (PAUL).

DURET (JEAN-LOUIS).

DUTHIL (AUGUSTE).

EYMOND (HENRI).

FARRIEU (JULES).

FAURE (ALPHONSE).

FERRIÈRE DE SENTOUT (GABRIEL).

FOURCADE (ALFRED).

GAY (LODOÏS).

GAY (ARMAND).

GAZAGNE (FRÉDÉRIC).

GIRAUDIN (VALÈRE).

GODARD (ADOLPHE).

GRANGENEUVE (EDMOND).

GROSSARD (OSCAR).

GROSSARD (PAUL).

GROSSARD (HYPOLITE).

HOCHARD (POLIDORE).

HOURQUEBIE (EUGÈNE).

LACAUSSADE (ÉMILE).

LACOSTE (HENRI).

LACOSTE (ALFRED).

LAFARGUE (ADOLPHE).

LAFFITTE (ERNEST).

LAFON (ÉDOUARD).

LALANDE (ERNEST).

LANUSSE (ERNEST).

LAVILLÉON (HENRI DE).

LEHMANN (CHARLES).

LE MONNIER (ALEXANDRE).

LE ROY (ÉMILE).

LETANNEUR (ALEXANDRE).

LHÉRITIER (FÉLIX).

LORIGNAC-LIBERT (THÉOPHILE DE).

LOSSE (Cte HENRI DE).

MANÈS (CHARLES).

MILLIEN (CHARLES).

MITCHELL (PATRICE).

MONTAGUT (CHARLES).

MONNIER (ALFRED).

MOTELAY (JULES).

PAILLOTTE (ALFRED).

PÉROS-MANDIS (CHARLES DE).

PÉROS-MANDIS (LOUIS DE).

POHL (HENRI).

POHLS (JULES).

RÉGIS (GUSTAVE).

RIEUNIER (ÉMILE).

RICHET (Gabriel).

SAINT-MARTIN (Alexandre).

SCHRODER (Frédéric).

SEVIN (Théodore de).

SUPERVILLE (Herman).

THIERRÉE (Isidore).

TRINCAUD-LATOUR (Albert de).

TROYE (Émile).

VANDERCRUYCE (Louis).

WEISS (Alexandre).

WELTNER (Charles).

Membres étrangers.

MM. AMÉZAGA (José de).
BAOUR (Abel).
BARTON (Charles).
BEYT (Émile).
CAYROU (Alcide).
CRUZE (Édouard).
CRUZE (Adolphe).
DAMBLAT (A.).
DUBERTRAND.
DUCASSE (Florian).
EZPELETA (Ferdinand de).
EXSHAW (Henri).
EXSHAW (Frédéric).
GAUTIER (Louis).
GUESTIER (Daniel).
GUESTIER (W.).
HENRY (Albert).
JUDE (F.).
LAWTON (Daniel).

LAUZUN (Ed. de).

LÉON (Alexandre).

LOPES-DIAS (Adrien).

MAREILHAC (Alfred).

MAREILHAC (Émile).

MICHAELSEN (J.).

PHÉLAN (Frank).

PROM (Jules).

RÉGIS (Ferdinand).

SCOTT (T.-B.-C.).

SEGUINAUD de LOGNAC.

THEVENARD (Gustave).

WIOLETT (William).

WIOLETT (James).

WIOLETT (Robert).

STATUTS

DE LA

SOCIÉTÉ DES STEEPLE-CHASES

NEW-CLUB DE BORDEAUX.

Article premier.

La Société des Steeple-Chases, fondée le 28 février 1857, est placée sous le patronage du New-Club de Bordeaux.

Cette association prend le titre de : Société des Steeple-Chases du New-Club de Bordeaux.

Son siége est établi à Bordeaux, au New-Club, rue Mautrec, n° 2.

Art. 2.

La Société se compose :
1° De Membres honoraires ;
2° De Membres fondateurs ;
3° De Membres titulaires ;
4° De Membres étrangers.

Sont *Membres honoraires :*

1° M. le Général de division ;

2° M. le Préfet de la Gironde ;

3° M. le Maire de Bordeaux ;

4° M. le Directeur du Haras de Libourne ;

5° M. le Commandant du Dépôt de remonte de Mérignac.

Le titre de Membre honoraire peut également être accordé pour services rendus à la Société.

Sont *Membres fondateurs :*

Les Sociétaires du New-Club inscrits en cette qualité à la date du 28 février 1857.

Sont *Membres titulaires :*

Les Sociétaires du New-Club, tant qu'ils font partie du Club.

Toutefois, et par exception, ceux d'entre les Membres du New-Club qui ne sont pas encore Membres de la Société des Steeple-Chases restent libres d'adhérer ou non aux présents Statuts.

Sont *Membres étrangers :*

Les personnes étrangères au New-Club et qui veulent faire partie de la Société en cette qualité.

Art. 3.

Les Membres honoraires et étrangers sont nommés par le Comité d'administration, au scrutin secret et à la majorité des suffrages.

Les Membres étrangers doivent être présentés par deux Sociétaires et élus par le Comité.

Art. 4.

Pour pourvoir aux dépenses de la Société, les Membres fondateurs et titulaires paient une cotisation annuelle de 25 fr., et les Membres étrangers une cotisation fixée à 50 fr.

La cotisation est facultative pour MM. les Membres honoraires.

Art. 5.

Afin de créer un fonds de courses, il est organisé, entre les Membres fondateurs et titulaires, une souscription permanente dont le minimum est fixé à 100 fr.

Chaque année le Comité fixe le nombre des actions à rembourser. Le sort désigne le numéro des actions sortantes.

Art. 6.

Les cotisations sont exigibles du 1er décembre au 1er janvier de chaque année.

Art. 7.

Les Membres seuls de la Société ont le droit à leur entrée personnelle gratuite et intransmissible dans l'enceinte du pesage. Les familles des Membres de la Société et des Autorités ont seules le droit d'entrée dans la tribune d'honneur.

Toutefois, et par exception, les Membres non résidants du New-Club et les personnes étrangères à Bordeaux peuvent être admis dans l'enceinte du pesage, moyennant le paiement d'une somme de 20 fr. et la remise d'une carte délivrée par le Président de la Société.

Art. 8.

L'administration générale de la Société, le droit de régler, d'organiser les courses en général, de fixer le prix des places, de faire les règlements et de statuer sur les contestations ou réclamations, d'arrêter les programmes, de passer les traités, de nommer la Commission des courses et autres, les agents de la Société, etc., etc., appartiennent au Comité d'administration, qui exerce, en un mot, toutes les attributions qu'une disposition spéciale des présents Statuts ne réserve pas aux Assemblées générales.

Art. 9.

Le droit de réviser les Statuts appartient à l'Assemblée générale du Club.

Art. 10.

Toutes les fois que le Comité le juge convenable, ou que cinq Membres le demandent, l'Assemblée générale se réunit.

Art. 11.

Le Comité d'administration est élu pour un an.

L'élection a lieu au scrutin secret et à la majorité absolue des suffrages.

Il se compose :

Du Président du New-Club,
Du Vice-Président, } Membres de droit;
Du Secrétaire,

Et de six Membres de la Société, dont cinq au moins pris parmi les Membres fondateurs et titulaires.

Dans le cas où le sixième membre du Comité est pris parmi les étrangers, c'est au Comité qu'appartient le droit de le choisir.

Art. 12.

Le Président, le Vice-Président et le Secrétaire du New-Club sont de droit Président, Vice-Président et Secrétaire de la Société.

Le Trésorier est élu par le Comité et pris dans son sein.

Le Comité peut s'adjoindre, pour prendre part à ses délibérations, avec voix consultative, tout Membre de la Société dont il jugera le concours utile.

La présence de cinq Membres est nécessaire pour valider une décision du Comité. La voix du Président est prépondérante.

Art. 13.

Les fonctions de Commissaire, étant officieuses, ne peuvent entraîner aucune responsabilité.

Art. 14.

Le Président représente la Société, dirige ses travaux et exerce les pouvoirs d'exécution ; il préside de droit toutes les Commissions.

Il est remplacé, en cas d'absence, par le Vice-Président, et, en cas d'absence de celui-ci, par un Membre de l'Administration désigné par le Comité.

Art. 15.

Le Trésorier a pour mission d'opérer les recettes de la Société et d'en payer les dépenses ; il ne peut faire aucun paiement que sur le visa du Président.

Art. 16.

Le Secrétaire fait la correspondance, a la garde des archives ; il reçoit les engagements qui sont adressés à la Société par les propriétaires des chevaux, et les transmet aux Commissaires des courses.

Art. 17.

Les Commissaires des courses sont nommés au scrutin secret et pour un an. Le Comité peut les prendre en dehors de son sein et parmi les Sociétaires, sans distinction aucune. Ils sont au nombre de cinq : trois titulaires et deux suppléants. Les Commissaires des courses non Membres du Comité ont le droit d'assister à ses réunions avec voix consultative.

Art. 18.

Les Commissaires titulaires décident de la validité des engagements et de la qualification des chevaux. Ils jugent en dernier ressort toutes les contestations qui seraient élevées au sujet des courses.

Ils proposent au Comité l'adoption des programmes, qu'ils signent sous l'autorité du Comité et avec le visa du Président.

Les Commissaires suppléants remplacent les Commissaires titulaires en cas d'absence, et peuvent, dans tous les cas, être appelés à prendre part à leurs décisions, si ceux-ci le jugent convenable.

Art. 19.

Dans tous les cas, les Commissaires pourront en référer au Comité des courses, si l'importance de la question leur paraît l'exiger.

Art. 20.

Tous les prix donnés par la Société sont soumis à ses Règlements. Aucune contestation à laquelle des courses donneraient lieu ne pourra être portée devant les tribunaux.

Art. 21.

Les présents Statuts seront soumis à l'approbation de S. Exc. M. le Ministre de l'Agriculture, du Commerce et des Travaux publics.

Fait et délibéré en Assemblée générale, le 10 novembre 1857.

Le Président.

Vte DE PELLEPORT.

Le Secrétaire.

PAUL SAINTMARC.

Par dépêche en date du 6 avril 1857, M. le Préfet de la Gironde a fait connaître au Comité que S. Exc. M. le Ministre de l'Agriculture, du Commerce et des Travaux publics avait approuvé la constitution de la Société.

RÈGLEMENT INTÉRIEUR.

De l'Engagement et de la Qualification des Chevaux.

ARTICLE PREMIER.

Les propriétaires qui voudront faire courir leurs chevaux dans les courses de la Société, les engageront par lettres adressées au Secrétaire dans les lieux et formes qui seront ultérieurement indiqués.

ART. 2.

Les Commissaires auront, dans tous les cas, la faculté de ne valider les engagements qu'après avoir obtenu, à l'appui des certificats ou des désignations des chevaux, toutes les preuves qui pourraient leur paraître nécessaires.

Art. 3.

Les propriétaires de chevaux engagés pour une course devront faire connaître, trois jours au moins avant la course, la couleur des casaques et des toques de leurs jockeys. Ceux qui ne se conformeraient pas à cette injonction, ou dont les jockeys auraient des couleurs différentes de celles indiquées, seront passibles d'une amende de 100 fr., au profit du fonds de courses de la Société.

Art. 4.

Si un cheval est engagé sans que les conditions ci-dessus énoncées aient été remplies, il ne pourra courir. Son propriétaire devra néanmoins payer le forfait, ou la totalité de la mise, s'il n'y a pas de forfait, ou si l'époque à laquelle il doit être déclaré est passée.

Art. 5.

Aucun cheval ne pourra gagner un prix, une poule ou un pari particulier, lorsqu'il aura été prouvé qu'il a couru sous une fausse désignation ; il sera regardé alors comme disqualifié et distancé.

Art. 6.

Si une objection contre la qualification d'un cheval est faite avant la course, la validité de la qualification devra être prouvée par le propriétaire du cheval.

Dans le cas où une réclamation serait faite après la course, les preuves à l'appui devront être fournies par la personne qui aura réclamé. Les Commissaires pourront exiger du propriétaire du cheval tous les éclaircissements qu'il sera en son pouvoir de donner.

Quand la qualification d'un cheval sera contestée avant la course, les Commissaires fixeront au propriétaire du cheval une époque avant laquelle il devra fournir la preuve de la qualification de son cheval : jusque-là l'argent sera retenu.

Si les preuves n'étaient pas fournies à l'époque fixée, l'argent serait remis au propriétaire du second cheval.

Dans le cas où le prix ou les entrées auraient été touchés avant la disqualification d'un cheval, l'argent serait rendu et employé comme ci-dessus.

S'il n'y avait pas de second cheval, l'argent du prix serait, avec les entrées, réuni au fonds de courses. L'argent d'une poule sans prix serait partagé entre les souscripteurs, à l'exclusion de ceux qui auraient payé forfait. Si tous les souscripteurs avaient payé forfait, à la seule exception du propriétaire du cheval disqualifié, son entrée et les forfaits seraient réunis au fonds de courses.

Art. 7.

L'engagement d'un cheval est annulé par la mort de la personne sous le nom de laquelle il a été engagé.

Dispositions générales concernant les Courses.

Art. 8.

A l'heure fixée pour chaque course, la cloche sonnera ; et si, un quart d'heure après, tous les jockeys ne sont pas prêts, on pourra faire partir les autres.

Art. 9.

Quand la personne nommée pour donner le départ a appelé les jockeys pour prendre leurs places, les propriétaires des chevaux qui se présentent au poteau doivent, dès lors, leurs mises entières ; et

les paris sur ces chevaux sont considérés comme
des paris *courir ou payer*.

Art. 10.

La personne nommée pour faire partir les chevaux peut faire ranger les jockeys en ligne, aussi
loin derrière le point du départ qu'elle le juge
convenable.

Si un jockey lui désobéit ou cherche à prendre
un avantage illicite, une amende n'excédant pas
40 fr. pourra lui être imposée par les Commissaires.

Art. 11.

Après la course, les jockeys doivent rester à
cheval jusqu'à l'endroit où ils sont pesés : s'ils
descendent auparavant, ou s'il leur manque du
poids, les chevaux qu'ils montent sont considérés
comme distancés.

Art. 12.

Si un jockey est, par suite d'un accident, hors
d'état de retourner à cheval jusqu'aux balances, il
peut, mais dans ce cas seulement, y être conduit
ou porté.

Art. 13.

Si un jockey tombe et que son cheval soit monté et amené au but par une personne dont le poids soit suffisant, le cheval prendra sa place comme si l'accident n'avait pas eu lieu, pourvu qu'il reparte de l'endroit où le jockey est tombé.

Art. 14.

Si, dans une course, deux chevaux arrivent ensemble au but, de telle façon que le juge ne puisse décider lequel a gagné, ces deux chevaux recourent une demi-heure après la dernière course de ce jour.

Les autres chevaux sont regardés comme perdants et prennent leur place comme si la course avait été terminée la première fois.

Art. 15.

Pour qu'un cheval ait effectivement gagné un prix ou une poule, il faut qu'il ait rempli toutes les conditions de la course, quand même aucun concurrent ne se serait présenté.

Dans ce dernier cas, il est passible, à l'avenir, des surcharges imposées aux gagnants.

Art. 16.

Lorsque, dans une course, un cheval en pousse un autre, ou croise devant lui de manière à l'empêcher d'avancer, il est considéré comme distancé, ainsi que tout autre cheval appartenant en entier ou en partie au même propriétaire.

Cette mesure sera adoptée, soit que le jockey ait détourné son cheval, ou qu'il se soit dérobé pour toute autre cause.

Quand les Commissaires reconnaîtront que le jockey a agi avec mauvaise intention, ils pourront lui imposer une amende, ou lui interdire, pour un temps, de monter dans les courses de la Société, ou même le déclarer incapable d'y jamais monter à l'avenir.

Art. 17.

Toute réclamation sur la manière dont un jockey a monté doit être faite avant la fin du pesage. Elle doit être adressée par le propriétaire réclamant, par l'entraîneur ou par le jockey, aux Commissaires, au Juge de la course, ou à la personne chargée de peser les jockeys.

Art. 18.

Lorsqu'un cheval en courant passe en dedans des poteaux, il est distancé, à moins qu'on ne le fasse retourner et rentrer dans la lice à l'endroit par où il en est sorti.

Art. 19.

Quand, d'après les conditions d'une course, une surcharge est attribuée aux chevaux ayant gagné d'autres courses, cette surcharge sera imposée aux chevaux qui auraient gagné après leur engagement, comme à ceux qui auraient gagné auparavant.

Quand une diminution de poids est accordée aux chevaux qui n'ont point gagné, ils ne profitent pas de cet avantage, s'ils gagnent après leur engagement dans cette course.

Lorsque les chevaux qui n'ont jamais gagné peuvent seuls être admis dans une course, il suffira, pour qu'ils soient qualifiés, qu'ils n'aient pas gagné avant le terme fixé par l'engagement.

Art. 20.

Quand il est mis dans les conditions d'un prix ou

d'une poule que le cheval gagnant pourra être réclamé pour une certaine somme, la réclamation
doit être faite un quart d'heure après le pesage, et
adressée aux Commissaires, ou au Juge, ou à la
personne chargée de peser les jockeys.

Le cheval réclamé ne sera livré qu'après avoir
été payé ; il doit l'être le jour même de la course :
plus tard, on ne pourrait plus exiger qu'il fût livré.
Cependant, le propriétaire pourrait forcer celui qui
l'aurait réclamé à le prendre et à le payer.

Art. 21.

Lorsque, dans un prix, les entrées devront re-
venir en totalité ou en partie au second cheval, elles
seront réunies au fonds de courses, s'il n'y a pas
de second cheval.

Dans les poules, les parties des entrées attri-
buées au second cheval seront, dans ce cas, par-
tagées entre les Souscripteurs, à l'exception de
ceux qui ont payé forfait.

Des Paris.

Art. 22.

Tout pari fait sans stipulation expresse est considéré comme *courir ou payer*.

Art. 23.

Les paris sont annulés lorsque la mort d'une des deux parties survient avant que la course ait eu lieu et qu'elle ait été définitivement décidée.

Art. 24.

Les paris faits sur deux chevaux sont annulés, si, après qu'ils ont été conclus, les deux chevaux passent entre les mains d'un seul propriétaire ou de son associé.

Art. 25.

Si un pari est fait sur un signal ou une indication après que la course est terminée, il est considéré comme frauduleux et nul.

Art. 26.

Les paris faits sur des chevaux désignés seront nuls si aucun d'eux ne gagne.

Art. 27.

Si une réclamation est élevée sur la qualification d'un cheval avant la course, les Commissaires auront le droit de décider que les paris sur cette course ne seront payés qu'après qu'il aura été statué sur la réclamation.

Si la réclamation est faite après la course, les paris sont maintenus, pourvu que le cheval n'ait pas été disqualifié.

Art. 28.

Lorsqu'une course est avancée ou retardée de plus de neuf jours, les paris sont annulés.

Art. 29.

Les poules et paris devront être payés conformément aux décisions que prendra à ce sujet le Bureau du Club.

Art. 30.

Dans tous les cas, toutes les difficultés non prévues par le présent Règlement seront réglées conformément aux usages suivis dans les steeple-chases français et au Règlement des courses de la Société d'encouragement du Jockey-Club de Paris.

Proposé par les Commissaires des courses soussignés.

Jules MILLIEN.

Camille LACOSTE.

Vte DE LOSSE.

Le présent Règlement a été adopté le 28 avril 1857 par le Comité d'administration de la Société.